ANATOMÍA DEL AMOR

ANATOMÍA DEL AMOR

Felipe Echeverría

Valparaíso
EDICIONES

Número 469 de la Colección VALPARAÍSO DE POESÍA
dirigida por FEDERICO DÍAZ-GRANADOS

Diseño y maquetación: Chari Nogales
www.charinogales.com *@chari_nogales*
Imagen de portada: Jorm Sangsorn

Primera edición: septiembre de 2025

© De los poemas: Felipe Echeverría
© Valparaíso Ediciones

C/ Fray Leopoldo, 7 Bajo 18014 Granada
www.valparaisoediciones.es

ISBN: 979-13-87538-26-2
Depósito Legal: GR 1162-2025

Impreso en España - *Printed in Spain*
Gráficas Gami

A mis queridos padres, Marcelo y Bernarda
No existen palabras suficientes para agradecerles
el regalo más valioso: su amor sin fronteras,
el que me enseña a soñar más allá de los horizontes.
Son mi brújula firme, el faro que alumbra las noches oscuras,
y el abrigo que resguarda mis pasos cuando el mundo se nubla.
Con su ejemplo, forjaron mi temple y me legaron la ternura
como estandarte. Hoy solo puedo decir gracias por ser el hogar
que siempre me recibe y la fuerza que impulsa cada latido de mi
esperanza.

A mi hermano, Marcelo Andrés
Tu resiliencia es una luz silenciosa que me guía
cuando todo se desvía.
Admiro tu valentía, esa forma tuya de enfrentar la vida
con la frente en alto y el corazón generoso.
Eres la prueba viviente de que siempre se puede volver a
comenzar. Compartir este viaje contigo es un privilegio
que mi pecho atesora con infinito agradecimiento.

A Mark, mi mejor amigo
Me enseñaste que la familia no solo se hereda,
también se elige. Eres mi ancla en la tempestad,
el remanso que aplaca mi espíritu.
Gracias por tu silencio cómplice y tus gestos inquebrantables,
por ser esa mano firme y el abrazo que me recuerda
que jamás camino solo. Contigo aprendí
que en el corazón siempre hay espacio
para un hermano elegido.

ANATOMÍA DEL AMOR

PEQUEÑOS DETALLES

Y es en lo minúsculo,
lo casi inadvertido,
donde late el milagro.
Tus ojos esbozan una sonrisa
que me desarma sin ruido
y desordena mi pulso ansioso.
Tu piel clara,
como la luz del alba
sobre colinas dormidas,
Tu sabiduría
irrumpe en mi silencio:
destello que me obliga
a aprenderte.
Apenas te conozco
y las palabras se quiebran;
fluyen como un río
que desborda secretos.
Tiemblo
al borde de confesar
lo que siento.
Podría naufragar en ti,
navegante sin brújula
en las arritmias del deseo,
sabiendo que no hay orilla
más firme que tus labios.
Mis esperanzas,
visibles,
son la radiografía

de una fragilidad sin nombre.
Tus besos
me roban el aliento;
mi pecho clama: bésame
con la precisión de un latido.
Cierro los ojos
y deseo que me veas:
romance sutil,
suavidad impensable,
como el viento
sobre un trigal.
Entonces,
tus labios suaves
encuentran los míos
y sacian mi sed,
igual que el rocío
a la flor
en su primer suspiro.
Contigo,
mis miedos se disuelven
como niebla
ante el sol.
Y entiendo
que quizá el amor
sea eso:
una constelación de detalles
que hallan eco
en quien
es capaz
de sostenerlos.

INVENTARIO DE LO INCIERTO

No quiero apresurarme,
pero esta noche
el insomnio
me abrazó
con un manto de preguntas.
Desconozco tu segundo nombre,
ignoro tu forma de tomar café,
y aun así,
no hay anhelo más urgente
que saberlo todo:
tu risa desbordada,
el aroma único de tu pelo,
la raíz de tus miedos,
el pulso que te delata
en cada suspiro.
¿Qué sueños callas,
qué diagnóstico
te impones
por temor a la incertidumbre?
Cada secreto
será joya incandescente
en mi pecho.
Apenas nos conocemos,
y no quiero apresurarme;
pero orbitas mis pensamientos
como mariposas
en mi memoria.

Si te llevara flores,
¿las querrías azules?
Cada detalle
me asalta
con una vitalidad
extraña,
tan incierta.
Tu voz me persigue
como latido íntimo
donde reconozco
mi esperanza.
Tal vez no lo diga
en voz alta,
quizá deba dormir,
aunque mi voluntad
desborda en preguntas:
¿Qué late
en tu frontera secreta?
¿Cómo tejer
un nuevo hallazgo
en medio de tanto asombro?
Porque, de pronto,
lo que te importa
se vuelve esencial,
y mi mundo
adopta tu nombre
como síntoma inevitable
de este anhelo nuevo.

CARTA DE AMOR

Oh mi bella sacarina,
desde la encrucijada ventricular de mi vida
déjame que te nombre
con mis raíces medulares anteriores,
con mi líquido cefalorraquídeo
y mi aparato neurovegetativo.

Yo sé bien que no soy el gran simpático
ni poseo el árbol de la vida;
solo tengo la bóveda palatina de mis sueños
donde amarte yo quisiera
con todo mi páncreas, mi epiplón mayor,
y la fuerza electromotriz
de mi pobre e hipertrofiado corazón.

Tus pupilas midriáticas
han ensanchado tu red venosa de coquetería,
y desde entonces
llevo en mi plexo esternocostal
clavada la espina de tu tibia.

Quisiera hoy montar
en alas del esfenoides
y volar presuroso
hasta tus circunvoluciones cerebrales,
para que pienses en mí
y te des cuenta,
para que me des un espacio poplíteo,

digo, propicio,
para contarte todo lo que te quiero.

Cuántas veces te he visto,
a modo de asombro,
desde las columnas de Bertín,
con tus cejitas cotiloideas arregladas,
sin que tú me ligues
con tu ligamento redondo.

Llevas una blusita bilirrubínica,
con una escotadura atrevida;
diría que es la escotadura ciática mayor,
a través de la cual se insinúan
tus senos carotídeos.

Te escribo esta carta, reflejo condicionado,
desde la celda palmar de mis ansias,
en el ala gris de esta tarde de invierno,
para declararte el laberinto membranoso
de este amor que siento por ti.

Pues no te miento:
aquí tengo el anillo crural para tu dedo.
Te pediré matrimonio
y compraremos en la tienda del cerebelo
la tela coroidea para tu vestido de novia
y el velo del paladar blando.

Atravesaremos el arco femoral,
con tus patitas de ganso, tomada de mi mano,

bajo la bóveda rosada de los pilares del diafragma,
y tocarán las trompas de Eustaquio...
o las de Falopio.

Bajo el plexo solar de mi dicha incontenible
formaremos nuestro hogar;
no existirá el triángulo de Scarpa
en nuestro anastomosado matrimonio,
y viviremos juntos, siempre juntos,
en mi cuarto ventrículo.

LA MELODÍA DE TU PRESENCIA

Mi corazón se enciende
cuando tus labios
pronuncian mi nombre,
un susurro nocturno
por mis ventrículos.
Estar cerca de ti
es sostener
un tesoro vivo:
sentir un pulso
que despierta
como rocío
en la flor
al primer albor.
He dado un paso más
y quiero tocar
la puerta de tu latido,
descifrar la cartografía
de tu mirada,
como un navegante
tras islas ocultas.
El amor respira
en un viento suave,
acaricia
como la marea
a la orilla,
dejando rastros
de ternura.
Quiero decirte

cómo me transfigura
este latido,
pero las palabras
se esconden
bajo mis costillas.
Por eso
te lo susurro:
gracias.
Te quiero.
Déjame habitar
cerca de tu tacto.
Contigo anhelo explorar
los mismos paisajes,
fundirme
en la música
de tu risa,
como un río
que fluye
sin temor
a perderse.
En tus pupilas
encuentro la luz
que calma mi pecho.
Me pregunto
qué hacer
con este temblor.
Mi corazón se agita
como ave primeriza.
Te miro, amor mío,
y no puedo callar:
me conquistan

tus silencios,
tu existir.
Hoy,
el aire del amor
irrumpe en mis pulmones
y me alza
como un barco
al compás
de la marea.
Junto a ti,
alzo la mirada
a la luna,
y recuerdo
que aún vivimos,
aún somos.
El amor llega
como un soplo
que imagina destinos.
Y aunque a veces
me falten palabras,
jamás omitiré
lo esencial:
gracias.
Te quiero.
Te amo.

LAZOS DEL DESTINO

Cuando mis manos
quisieron asir la niebla,
descubrí un sendero
bajo la presión
del silencio.
Cada intento
se desvanecía
como sueños al alba
o latidos huidizos
en el filo
del estetoscopio.
La incertidumbre
me ancló los huesos,
pero ya no temo
al vacío.
He aceptado
mi fragilidad,
y en ella
encuentro fuerza,
igual que un río
que no cede
ante las rocas.
A cada paso,
agradezco la ternura
inagotable
de tu mirada.
Quiero erguirme
como la montaña

que roza el cielo,
sin ignorar
que en la cumbre
habita el vértigo.
Recuerdo
que los lazos
entre dos cuerpos
no se quiebran:
son constelaciones
marcadas en la piel,
galaxias
que iluminan
las heridas.
Ese hilo invisible
respira
en cada palpitar.
Agradezco cada instante
de este viaje,
tropezando
y reencontrando
lo incierto,
pues ahí
reconozco
la médula
de nuestra unión:
una fuerza
que enciende el latido,
igual que el viento
acaricia trigales.
En medio de la duda,
te descubro

como antídoto
ante la soledad.
Tu voz
abre surcos
en mi pecho
y se une
a mi latido.
Eres faro
en lo oscuro,
el pulso que revive
cuando todo
se hunde.
Por eso elijo creer
en la irrompible unión
que nos ciñe.
Que nuestro destino
late
como un amanecer
    que vuelve
        sin cansancio.

LATIDOS EN LA ETERNIDAD

Si un día
te encuentras a la deriva
en un mar sin orillas,
déjame ser la corriente
que recorra tu piel
y te guíe
de vuelta.
En esta vida fugaz,
tu nombre
es el único hallazgo
capaz de encender
mis ventrículos.
Arrancaría luz
a las estrellas
si su brillo
condujera
a tus pupilas.
Mis murallas
se apagan
cuando tu sombra
roza la mía,
y el corazón,
músculo indócil,
se enciende.
Anhelo descubrir contigo
cómo arde un beso
en el epicentro del alma,
cómo suenan las alas

cuando nacen
en el estómago.
Quiero danzar
hasta que el mundo
se olvide,
bajo la mirada
de la luna.
Luego,
tomar tu mano
hacia un mañana incierto,
donde cada paso
sea un latido más
en la historia
de nuestro amor.

EL UNIVERSO INVISIBLE DEL AMOR

Dicen
que un beso
puede cerrar
una herida.
Pero, ¿cómo llegar
a ese corazón tierno
tras su piel guardiana?
Ausculto
el temblor de tus venas,
un pulso
que desborda silencios.
Me atrevo a besar
el terciopelo
de tus labios,
a hallar en tu cuello
un latido
que se esconde,
y abrazar esa piel
—escudo frágil—
que tiembla
de anhelo.
Derramo mi amor
en cada suspiro,
esperando
despertar
la belleza latente
en tu interior.
Donde ves sombras,

descubro
una obra maestra
en formación:
trazo con mi aliento
el arco de tu cuello,
la curva
de tus caderas;
cada caricia
desvela
valles de deseo
y montañas de pasión.
No olvides
cómo mi amor
impregna tu cuerpo,
cómo penetra
en tus fibras,
demostrándote
que incluso
en la fragilidad
hay fuerza.
Mas si el destino
me apartara de ti
antes de tiempo,
guárdame
en el crepúsculo
de tu memoria.
No solo como amante,
sino como quien te mostró
que lo roto
cicatriza,
que el corazón

rema
latido a latido,
y que en ti
habita
un universo invencible,
listo
para revelarse.
Recuerda
que posees la fuerza
de mover montañas
si crees
en el fuego
que arde
bajo tu piel.
La felicidad aguarda,
paciente,
como un amante
en tu puerta;
el amor
te rodea, infinito,
más vasto
que tus sueños
más profundos.
Busca en tu pulso
esa llama sin límite,
encuéntrala
antes del último aliento,
antes de que la noche
nos rodee
con su abrazo.

SINFONÍA DEL COSMOS

Desde que emergiste
del alba,
irrumpiste en mi universo
con tu luz,
saturando
mis horas
con el fulgor
de tus ojos.

Todo lo que soy
late a tu compás:
sístole y diástole
pronunciando
tu nombre.

Mi piel
y mi sombra
se rinden a ti.

Te entrego
mi latido.
Tuyo es.

Miro el firmamento
colmado
de latidos estelares,
y siento
que navegamos
un océano de estrellas.

La luna susurra
nuestros destinos,
como raíces
que se buscan
bajo la tierra dormida.

Celebro cada paso
que me llevó
a la órbita
de tu abrazo,
al pulso
de tu voz.

Ahora sé
que en esta sinfonía
de cuerpos
y silencios,
resonamos
como una supernova
incansable.

Somos eternos.

NINFA DE OJOS ACUOSOS

Sé que eres tú,
jinete de bosques ocultos,
que cabalgas
en horas de niebla
sobre un potro
de aliento fantasma.
Viajas
como la sangre
por las venas,
cruzando
mi cielo vacío
para perderte
en la órbita inclasificable
de tu propia ausencia.
Eres el abril
de madrugadas verdes,
nubes huidizas
y aves exóticas.
En tus cielos
se trenzan sueños
como estrellas fugaces,
mientras la esperanza
perfuma el aire
con incertidumbre.
Por un momento,
habito tus jardines
donde las promesas
crecen como manzanas,

y los silencios
se bañan desnudos
en océanos cristalinos.
Allí,
la víspera del mundo
se enciende
bajo tu mirada.
Sé que eres tú,
o que fuiste,
ninfa de ojos acuosos,
nacida
en un lago nórdico.
Fue tu voz
la que agitó
las hojas dormidas
de mis árboles.
Ahora te vas,
rompiendo
las redes de esperanza
que se aferraban
a tu aura triste.
Vuelas
como mariposa
hacia la inmensidad,
y el eco
de tu canto
se apaga,
    onda melancólica
        que muere
                a orillas del adiós.

ESTRELLAS FUGACES

Me enamoré de ti,
de la luz
en tus pupilas.
Aquel instante
compartido,
fotograma eterno,
late
en mi corazón,
cometa
surcando mi memoria.
Tú me enseñaste
que la penumbra
puede tornarse
galaxia encendida.
No temas
tu tristeza:
mis luces
se alzarán
como faros
en tu océano interior.
La quietud
se disuelve
como azúcar
en té negro,
mientras tu voz
me arrulla
y tu mirada
es vendaje

para cada herida.
Mis lágrimas,
alguna noche,
brillarán
como estrellas fugaces,
destellos de esperanza
en esta anatomía
del alma.
Tu luz
me atrae
como si el universo
tuviera tu gravedad.
Sin notarlo,
superamos fronteras
del miedo
cual astros
abrazados
en un eclipse.
Eres faro
en mi deriva,
guías
mis pasos inciertos.
Cada susurro
del viento
lleva tu nombre
hasta las cavidades
más profundas
de mi ser.
En la noche,
tu voz acaricia
latidos

que apenas confieso,
y me pierdo
en el abrazo
de tu mirada,
navegante
sin brújula
en un vasto mar.
Tú me enseñaste
que tras el eclipse
un astro
sueña brillar,
y la noche más densa
precede al alba.
Así,
atravesamos
la noche
guiados
por nuestras luces,
hasta que el amanecer
estalle
y nuestros sueños
desplieguen alas
con la fuerza
de un nuevo día.

BAJO LA LUZ NOCTURNA

Camino
bajo la noche serena
que sigue
a la tormenta,
y mi corazón
palpita
con un resplandor
plateado.
Entonces,
tu recuerdo irrumpe
en mis plexos internos;
tu mirada
se enciende
en mí,
y sonrío
como aquel niño
acariciado
por la luna.
Entre un millón
de astros,
tú emergiste
para iluminar
mis honduras
más grises.
Te imagino
a mi lado,
atravesando
estaciones fugaces,

buscando sueños
infinitos.
Tu luz,
faro en la penumbra,
chispa que oxigena
mi alma.
Cada paso
resuena
en tu pulso,
un susurro
que perfunde
mi noche
estrellada.
Quiero avanzar contigo
por los campos
de esta vida,
sin mirar atrás,
dejando que el viento
acaricie
nuestras certezas
como hojas
rindiéndose
al cielo.
Fuiste tú,
entre tantos destellos,
quien brilló
en mis horas más largas,
como lucero
obstinado
en mi firmamento.

Y así,
junto a ti,
deseo recorrer
cada senda,
correr
hacia la alegría,
hasta tocar
la eternidad:
bajo la luna
y la complicidad
de las estrellas,
testigos
de nuestro amor.

ODA A MI LUZ INMUTABLE

Eres el primer rayo
de la mañana,
la inyección de luz
que reactiva
mis constantes vitales.
El último aliento
que se disipa
en la noche serena,
estrella firme
que guía mis pasos
y mis sueños.
Eres la sonrisa
que florece
en mi rostro al alba,
el destello
que rescata
el pulso cansado
de mis ojos,
el calor
que reanima
mi corazón febril
y colma de claridad
mi ser.
Eres la mano
anclada a la mía
en un abrazo eterno,
el escudo
en la tempestad

de la vida:
mi amiga, mi amor,
refugio sagrado,
el hombro
donde mi alma
descansa.
Eres la mente
que brilla
en siglos de silencio,
roca firme
para mis dudas;
mi apoyo
en noches de zozobra,
la comprensión
en el eco
de nuestros silencios.
Eres el latido
constante
en mi pecho,
la caricia
que apacigua
corrientes
turbulentas,
la voz
que disipa
mi distancia
más fría,
la dicha
que inunda
cada rincón.

Eres
todo lo que
mi pecho errante
buscó
en su deriva,
la brújula
que orienta
mi dicha,
el sueño eterno
que atesoré
en mi memoria.
Y aun así,
sigues siendo
más
de lo que
mis palabras
pueden nombrar.

DIAGNÓSTICO

Debiste ser arquitecta
por cómo mediste
mi duda:
levantaste planos
en mis silencios
y uniste tus labios
a los míos,
un puente
que se volvió
mi única certeza.
Debiste ser cirujana
por cómo
hundiste tus manos
en la cavidad
de mi pecho,
buscando sin herir,
cerrando grietas
sin dejar cicatriz.
Tenía mi corazón
calibrado
para la soledad,
amordacé su fuego
y aprendí
a subsistir
en la penumbra.
Pero entonces
me tocaste,
y no hubo

protocolo
ni dosis
que aplacara
la fiebre
que encendiste.
Ahora mi pulso
vaga,
mi aliento arde,
y mi cuerpo
tiembla
entre oleadas
caóticas,
anhelando
claridad eléctrica.
Si suenan sirenas,
es mi propia voz:
mis signos
se niegan
a normalizarse
desde que llegaste
a mi anatomía.
Dime,
¿qué cura existe
para un amor
que reescribe
el cuerpo entero?
Porque si tú
eres la causa,
ya no busco
remedio.

ECOS DEL MARINERO ERRANTE

Un sueño
huyó
por las vértebras
de mi memoria.
Lo vi atravesar
espejos,
como un jinete
en cacerías imposibles,
mientras el calendario
alzaba años
sin tregua.
Las calles
se inundan
de un presente
que late
en mis sienes,
mientras la costumbre
se repliega
en cada frontera
de luz.
El piano,
con teclas de hueso,
busca la melodía
que repare
la arritmia
de los días.
Nuestros relojes,
mancos de brújula

giran sin norte.
El deseo
repite su monociclo
en la cuerda
del atardecer,
y en el acantilado,
un péndulo
alterna su canción:
Soy el perseguidor de cometas,
la roca que se lanza a la tormenta,
y el peregrino de la estepa.
Soy carabela oscilante
varada en la inmensidad,
y el silencio antiguo
de la estrella.
Soy el marinero sin tierra,
náufrago en mi propio bajel.
Mi cuerpo, espuma etérea;
mi alma, viento sin hogar.
Mis ojos
supuran lágrimas
que sacuden a Selene.
Lloro por un puerto imposible,
un muelle donde mis huesos
descansen
del oleaje.
Si el mar
es tan hermoso,
¿por qué
desangro
en su sal?

¿Por qué
mi corazón
se aferra
a un anhelo
imposible?
Mis labios
callan
pero mi mirada
sangra
nostalgia.
En cada latido
palpo un vacío,
un eco
que corroe
mis costillas.
¿Quién
puede suturar
lo inconcluso?
Antes del sueño,
acecha la muerte
con solemne bruma.
La esperanza
se diluye
y la última nota
del piano
se extingue
en mis venas.
Y yo,
marinero sin orillas,

susurro tu nombre
   al viento
      que jamás
         responde.

SOLEDAD CLÍNICA

Esperaba
como una interconsulta
sin respuesta.
Fue tocado
pero nunca
examinado;
escuchado,
jamás auscultado.
Para muchos,
fue dosis
en la urgencia,
y tras unas horas,
descartado.
Lo llamaban
para llenar silencios
o rastrear
huellas vagas
en su historia,
pero nadie
recabó
una anamnesis
completa.
Aprendió
a ser invisible:
hallazgo incidental
en la tomografía
de otra vida.

Aun así,
ella fue
esa consulta pendiente
que nadie firmó.
Con ella,
nada urgía;
los latidos
mantenían
ritmo estable
sin monitoreo.
En su ausencia,
la sentía
como un miembro fantasma,
un dolor tan real
que ardía.
Ella no intubó
el silencio;
lo dejó respirar.
A veces cree
que ella
no fue hecha
para cuerpos heridos,
mientras él,
que escribe el amor
como nota de evolución
temiendo errores,
se sintió desnudo
ante su mirada.
Pero ella lo vio
más allá de la bata,
más allá
del síntoma,

como a un paciente
que merece salvarse.
Porque incluso
los doctores
se sienten solos,
y a pesar de todo,
ella lo amó
como se ama
a quien aún
puede sanar.

PALABRAS EN EL VIENTO

Fueron tus palabras
que me sostenían,
como si cada sílaba
oxigenara mi sangre.
Hoy llaman de nuevo
al corazón,
un eco
en la brisa nocturna.
Cuando cierro los ojos,
veo paisajes
que tu voz rescata.
No importa
mi pulso frágil:
tus versos
cruzan océanos
sin descanso.
Cuando la oscuridad
calcifica mis latidos,
tus palabras
se encienden,
mi norte
en una noche
sin mapas.
Si alguna vez
te sientes sola,
recuerda:
estaré a tu lado
con la certeza

del aire al pulmón.
Como la luna
que custodia al sol.
En días
donde las preguntas
no encajan,
tu voz murmura
esa clave secreta
que solo tú y yo
entendemos,
un soplo
entre los árboles
que devuelve
el latido
al mundo.
Estaremos juntos
incluso
cuando el viento
pierda su rumbo,
caminando
al instante
en que nos vimos
por primera vez,
donde el destino
injertó tu latido
en el mío.
Tu aliento regresa
en penumbra
y me salva
del abismo,
como bisturí
que libera la herida.

Si la soledad
te hiela los huesos,
recuerda, amor,
que soy la llama
lista para encenderte,
inagotable
como el sol
al amanecer.
Cuando las respuestas
se escurren,
cuando la vida
se tuerce,
tus palabras vuelven,
y surcamos
las tormentas
como navegantes
con fe en la brújula.
Caminemos
al lugar
donde nuestros latidos
se reconocieron,
donde la vida
sin anestesia
nos ofreció un camino.
Y en ese sendero
hallaremos la paz,
siempre,
como dos astros
ocultos
en la bóveda infinita,
alumbrándonos
sin descanso.

ECOS DEL CORAZÓN ATEMPORAL

Han pasado dos meses
desde mi última esperanza.
Tu silencio respondió,
aunque en sueños
aún te contemplo
como un latido espectral
en el crepúsculo.
Me pregunto
si en tus horas serenas
palpita mi nombre
o si, de habernos hallado
sin fronteras,
hubiéramos volado juntos.
Bajo el puente
donde ayer reímos,
tu ausencia se posa
en mis pulsaciones.
La aceptación
llega
como el otoño al bosque:
lenta
y silenciosa.
¿Por qué,
si el deseo bastaba,
no nos unió?
¿En qué instante
el tiempo erigió un dique
para separarnos?

Nada calma
este dolor residual.
Eras el alma precisa
en la sala de espera
equivocada.
Nuestro abrazo
prometía más
que el roce
de dos cuerpos.
El amor
no florece
cuando el pulso colectivo
no coincide;
como flor
que se marchita
sin abrir sus pétalos.
Tal vez deba dar reposo
a mi corazón,
igual que el mar
abandona
sus olas
en la orilla.
Pero aún
me cuesta dormir
lejos del origen,
entre recuerdos
colgados
como astros
en la noche.
Aquí,
entre diagnósticos incompletos

y mutismos,
vemos una verdad
imposible de coser:
a veces
la persona correcta
llega
cuando la vida
es quirófano
sin anestesia.
La esperanza susurra
que en otra coordenada,
sin murallas
ni relojes,
nos reencontremos,
donde el amor
fluya
como dos ríos
confluyendo
en un océano eterno.

AUSENCIA Y SILENCIO

Te extraño
cada día,
como si el corazón
perdiera su ritmo
sin tu presencia.
La distancia
es herida abierta
que sangra
en mi alma.
Te llevo
como el sol
que irrumpe
sin permiso.
Por la noche,
te habito en silencio:
te beso
en la memoria,
mientras mi piel
te busca
como la costa
necesita la marea.
Cerrar los ojos
es mi forma
de acercarte:
un abrazo
que ausculta
mi soledad.
Eres un silencio

que irrumpe
en cada latido,
ausencia capaz
de desbordar
cualquier instante,
como bruma
al alba.
En cada minuto
sin ti,
el tiempo
se disuelve;
mi mente
te llama,
y tu imagen
crece
como un pulso
incansable.
No asimilo
la orfandad
de tu mirada,
ni el frío
de no tenerte.
Desde aquel día,
mis manos tiemblan,
mi voz se quiebra,
como si te rogara
en susurro.
Soy tierra
que mendiga lluvia.

Daría todo
por el aroma
de tu piel,
el eco
de tu risa,
la luz
de tus ojos
que ahuyenta
mi oscuridad.
Te extraño…
y en esta ausencia
no hay cura
que cierre
la herida.
Pero aquí sigo,
contando latidos,
aguardando
tu regreso,
como un corazón
sin compás.

LA FRACTURA DEL SILENCIO

A medianoche,
seguimos despiertos
ante un silencio
que radiografía
nuestras grietas.
El techo,
un lienzo blanco,
absorbe sombras
de palabras guardadas,
pesadas
como hojas secas
en el otoño
de lo que fuimos.
Éramos inquebrantables,
hoy
nos fracturamos.
La fisura silenciosa
late entre nosotros,
sin anestesia.
Me pregunto
si la luna suave
podrá hacer brotar
un perdón tardío,
aunque el agotamiento
trepe mi alma
como hiedra
en un muro roto.
Tu ausencia

es sombra persistente,
aunque estés
a mi lado.
La distancia,
sutil,
se adhiere
a nuestra piel,
y cada mañana
el frío
de tu recuerdo
resuena
en mis horas en vela.
El vacío
de tu tacto
recuerda
lo que perdimos.
Junto
fragmentos
de lo que fue;
cada astilla
atestigua
un amor disperso
como astros sin nombre.
Permanezco
entre ayer y mañana,
aferrado
a los restos
de lo que fuimos,
preguntando
si, más allá
del tiempo,

nuestros ríos
podrán reunirse
en un océano
sin fin.
Pero esta noche,
en la quietud más honda,
no intento
suturar la grieta.
Resignado
a los ecos
de un corazón sin compás,
dejo
que el silencio
nos envuelva:
ruina sagrada
de un amor
que dejamos morir
en las horas frías
previas al alba.
Allí,
los susurros
de lo que fuimos
se enredan
en el viento
como plegarias
sin fe
entre árboles
desnudos de invierno.

ECOS DE UNA NOCHE SANGRANTE

Estamos varados
en un abismo helado,
una guerra
que arde
en la médula
del silencio.
Demasiado orgullo
para deshacer
el nudo
que ahoga
nuestras voces.
La noche sangra
a corazón abierto
y amenaza
con paralizarnos.
¿Podrán nuestras palabras
romper la superficie
de este mar oscuro
que nos asfixia?
Mientras el insomnio
registra
cada latido,
aguardamos
un diagnóstico
que rescate
el amanecer.
No sé por qué…
pero al alba,

cuando el día
enfríe todo
con su luz,
recordaré
que esto
fue apenas
un corte de papel:
incisión leve
pero ardiente.
¿Nos daremos
una tregua?
Un beso
en medio
del vendaval,
como quien aplica
un analgésico
antes de suturar
la herida.
Nunca quise herirte,
y sé
que tú tampoco.
Aún eres
mi refugio,
mi puerto
en esta tormenta
donde la calma
es farsa.
No sé por qué…
pero cuando el sol
traspase las persianas,
aceptaré

que esto
no fue más
que una grieta
en la piel
del alma:
cicatriz
que no mata
pero susurra
su recuerdo.

HISTORIA CLÍNICA

Te fuiste,
y el silencio
coaguló
en la garganta,
denso
como hematoma,
sin salida.
Tu risa
aún retumba
en mi cavidad esternal:
herida de salida
que nunca
supe cerrar.
Tres encuentros,
tres vidas:
una cena
donde el vino
endulzó menos
que tu mirada,
un auto estacionado
donde convertí
mi dolor
en síntomas pendientes,
un sofá con la película
parpadeando,
mientras la gravedad
recordaba su propósito.
Pero te marchaste.

Anulaste
lo nuestro
con un gesto,
como si nada
hubiera importado,
como si jamás
hubieras leído
esas palabras
suturadas
con segundas oportunidades.
Llévate
tus besos inertes,
tus promesas
inconclusas.
Dime,
¿qué hago
con ese reflejo
involuntario
que sacude
mi pecho
cuando te nombran?
Desde que te fuiste,
no soy
doctor
ni poeta
ni hombre:
solo un caso abierto,
un expediente
inconcluso
aguardando
la mano

que no volvió
para firmar mi alta.
¿Por qué me miraste
como si fuera único,
como si sostuvieras
el temblor
de mi voz?
Me diste
un diagnóstico
que jamás
pensaste tratar.
Nadie enseña
a enfrentar
la desnudez
de ser visto
con tanta profundidad
y luego
no ser visto
en absoluto.
¿Cómo llega alguien
con la cura
en la boca,
acierta
en cada palabra,
y se va
antes de cerrar
la herida?
Dime,
¿para qué la ternura,
los latidos compartidos,
si al final

fuiste tormenta
disfrazada
de cielo?
Mi corazón
te recuerda,
pero esta noche
he apagado la luz,
cerrado la puerta,
y dejado tu sombra
afuera,
donde no
me alcance.

CORAZÓN SIN COMPÁS

En las horas mudas
antes del alba,
me persiguen los ecos
de nuestras apuestas
sin retorno.
Cada mensaje
fue botella al mar,
llena de urgencia,
no del hombre
que quise ser,
olas quebradas
contra un acantilado
deshabitado.
Quise ver el mundo
en tus ojos,
tomar el mañana
y borrar
la palabra adiós.
Pero aquí sigo,
dividido
como un hallazgo
inconcluso:
mitad contigo,
mitad
en el vacío,
faro extraviado
en la niebla
de tu ausencia.

Bajo la noche,
confieso al silencio,
mientras tus pasos
resuenan
en mi memoria.
Si mi voz
te alcanza al amanecer,
sabe que es el eco
de un corazón
sin compás,
un soplo
sin auscultar.
Deslízate
más allá
de mis desvaríos
nocturnos:
no son confesiones
sino fantasmas,
ilusiones
tejidas
por la soledad.
Dicen
que estoy con otra
que refleja
tu risa,
pero no hay
verdad
en el silencio
que dejaste.

No busco dolor,
sino entender
cómo tu ausencia
me habla
cada madrugada,
como un río desbocado
que no reconoce
sus piedras.
¿Qué pasaría
si detuviera el caos,
si dejara
que la tormenta
del deseo
permaneciera?
¿Podrían las piezas
de un sueño fracturado
hallar motivos
para unirse?
Quizá,
en otra órbita
sin sombras,
sanaríamos
estas fisuras
y recobraríamos
el pulso compartido,
como el amanecer
cura
la noche.

ANHELO EN LA OSCURIDAD

En la inmensidad
de esta habitación vacía,
mi aliento
se disuelve
esperando
tu llegada.
Cada segundo
se alarga
como un hilo infinito,
mientras mi corazón
pierde su ritmo
y susurra
tu nombre
en la penumbra.
Te anhelo
con la urgencia
de un cuerpo sediento:
tu presencia
un antídoto ausente.
Mis pensamientos
vuelven tu rostro
un espejo
constante.
Tu ausencia
me taladra,
como herida
sin sutura.
No sé

dónde habitas,
y en mi mente
se multiplican
las inquietudes,
tejido enfermo
que palpita
en el vacío.
Aun así,
la esperanza
de verte
o abrazarte
es estrella
que guía
mi madrugada.
Tal vez,
en un amanecer incierto,
esta herida
coagule
sin cicatriz.
Si tuviera
un único deseo,
pediría
amanecer
con tu respiración
rozando mi cuello,
el latido
de tu pecho
uniéndose
al mío,
y la certeza
de que el temblor

de sabernos juntos
baste.
Porque tu nombre
hiere el silencio
como ninguno,
y no existe
calma en mis latidos
si no eres tú
quien sostiene
este ritmo.

DONDE SOLO EXISTEN LAS SOMBRAS

En el crepúsculo de esta partida,
donde las sombras confunden el llanto,
tus ojos formulan
una pregunta muda,
eco final
de un ocaso que retrocede.
Pisamos sueños de permanencia
como hojas
a la deriva en el río del tiempo.
Las millas se alargan
en un abismo sin puente,
mientras el amor,
fantasma
de luces muertas,
se difumina
como fotografía oculta
en un álbum
que nadie abre ya.
He pintado silencios en la penumbra:
buscando consuelo
en un corazón gris.
En esta condena
se esconde un arte sutil:
vidas que se rozan
pero avanzan solas,
como estrellas perdidas
en un cielo sin promesas.
Deja la puerta entreabierta

al roce del crepúsculo
allí,
donde corazones
que un día brillaron
naufragan en la oscuridad.
O vuelve a mí,
o déjame marchitar
junto a la orilla,
como flor
que muere
bajo el frío de la luna.
Cada noche,
somos náufragos
en un mar melancólico;
la batalla se libra
en una esperanza herida
que no se rinde.
Aquí permanezco,
voz silenciada
entre versos gastados.
Nuestra historia vibra
en cada línea,
súplica y quiebra
por un amor terco,
como vela
en la tormenta.
En el silencio
donde los corazones
desvanecidos ansían volar,
expreso
lo que la penumbra no ahoga,

mientras el alba
huye de nuestros labios
como suspiro postergado.
Y aunque luché
con esperanza en el pecho,
tu oscuridad creció
demasiado vasta,
demasiado intensa.
Al final,
quedé solo
donde solo existen sombras:
faro apagado
en una costa desierta,
sin cura
para este naufragio de dos.

SOMBRAS Y DESTELLOS

En medio
de esta ciudad inmensa,
camino
con la mirada
puesta
en el asfalto roto.
Allí,
en la penumbra,
descubro
el tenue aliento
de tu amor,
mi vértebra invisible.
Aunque el sendero
sea un laberinto
de sombras,
donde tropiezo,
tu aliento
me ancla
a la esperanza.
Tu amor
se articula
como un electro en reposo:
una melodía
de pulsos
que rescata
mis latidos perdidos.
Alzo la vista,
el viento

me roza el rostro;
busco tu señal
más allá del alba:
un arco iris suspendido
entre lo efímero
y lo eterno,
como nuestro lazo.
Entonces,
la piel se eriza,
y la memoria,
ese tejido esquivo,
despierta junio,
mañana
en que tus pupilas
fueron promesa.
Esta urbe desolada
encoge mi alma,
cada calle
un eco vacío,
cada esquina
un sobresalto.
Sin embargo,
tu recuerdo practica hemostasis,
chispa
que enciende
mi voluntad.
Aunque los días
sean sombra,
tu luz
me impulsa
a enfrentar la noche.

Eres el destello
en mi electrocardiograma emocional:
brillante
como un sol
en su cenit.
A tu lado,
todo trasciende,
Y en la inmensidad
del cosmos
somos uno;
sinapsis perfecta,
al infinito.

ECOS DE TU ESENCIA

El color
de tus uñas
permanece
en mi memoria,
destello
que parpadea
como un crepúsculo
creado por dioses.
El aroma
de tu pelo
flota
como primavera sutil
que invade
mis sentidos,
igual que un soplo
vital
en un pulmón sediento.
En mi piel
queda la huella
de tu mano:
tatuaje de ternura
y tiempo
que ningún calendario
borrará.
Tus ojos
habitan en los míos
como estrellas fijas
en un firmamento secreto,

donde late
un universo
que se niega
a morir.
Incluso en la distancia,
tu amor
circula
como corriente
en mi pecho,
la razón
por la que cada latido
cobija un propósito.
Te confié
mi corazón
como un tesoro,
y en tus manos
deposité
mi vida
en ofrenda perpetua.
Porque en ti
encontré
la claridad
que nombra,
la calma
que cura,
y el aliento
que sostiene.
La distancia
es solo un puente
que mi pensamiento
cruza

sin tregua.
Tu esencia
sigue conmigo:
en cada suspiro,
en cada latido,
como lazo invisible
más fuerte
que toda frontera.
En la sencillez
de este amor
sin exigencias,
hallo mi paz,
mi refugio,
mi eternidad.

ADIÓS A LAS SOMBRAS

Fuiste la primera,
mi todo,
mi universo.
Te alcé
más allá
del tiempo,
vertiendo mi alma
como un río
sin cauce.
Pero tu máscara
albergaba
el peso
del engaño.
¿A quién temías
cuando la noche
caía?
¿No fue mi corazón
refugio suficiente?
¿No merecí
la verdad
en carne viva?
Dime,
¿temías a ti misma
o al abismo
de sentir de verdad?
Habría cruzado
el fuego
descalzo

por rozar
tus heridas,
pero hoy
retrocedo
antes de quemarme.
Ya no persigo
sombras.
He vuelto a mí,
sin mendigar ternura.
Si dudas,
no eres tú.
No más promesas
cautivas
ni besos
adormecidos.
Busqué la eternidad
y hallé
un fantasma:
tu luz
era espejismo,
tu amor
un eco hueco.
Fui santuario,
fui ciencia y ternura,
y aun así
te fuiste.
Te habría dado
cada latido,
pero renuncio
al disfraz
de tu entrega.

¿Qué palabras quedan?
Sin cadenas
me reconozco,
libre
del diagnóstico
de un amor
impropio.
Abrazo
mi libertad,
mi respiración
desnuda.
Soy pulso
que se eleva,
un corazón
que nace
sin tu nombre.
Y así,
al fin,
como siempre merecí,
me pertenezco.

ECOS DEL ALMA QUEBRADA

Podrá ser
un susurro
en la bruma,
un eco
que hiere
en la tormenta,
pero nunca
rozará
tus penumbras
como mis labios
encendidos
en la fiebre
del recuerdo.
Podrá ser
un reflejo
en el agua inmóvil,
una chispa extinguida
en tus pupilas,
pero no tocará
la herida abierta
que dejaste
en mi alma.
¿Por qué transitar
noche ciega,
cuando mi corazón,
inmerso
en redes subcutáneas,
late

como volcán dormido?
Ellos
no sabrán
amarte
en todo ese fuego,
río y mar
de tu vida.
Perdido
en los pliegues
de tu memoria,
me hundo
en la calma
que arrasaste;
ninguna paz
sofoca
la hoguera
que enciendes.
No bajarán
a tus abismos
como yo,
descendiendo
a su hondura
infinita.
Llevo
la luna rota
de lo que fuimos,
pacto sellado
bajo estrellas
ignoradas:
"todo se paga."

Ofrecería
mi alma
por un suspiro
que no llega.
El calor
de tus besos
aún arde
en mis venas,
lava
sin cauce.
Intento enterrar
tu nombre
en el jardín
del olvido,
refugiarme
en la mentira
hasta asfixiarme
en un silencio
coagulado.
Pero cada paso
sin ti
es eco hueco
en la bruma
de lo incierto.
Entrego
lo que queda
al vacío,
deseando
no sentir,
mientras
las cicatrices

de tu adiós
supuran.
El tiempo
no anestesia
lo que el viento
susurra;
tu recuerdo
pesa
como tambor
en la noche.
¿Por qué sigues
mirando
horizontes vacíos,
si en mis brazos
aún late
tu eco?
Otras manos
podrán darte calor,
pero nunca
te amarán
como yo:
fui océano
y tierra
en tu piel.
Aunque el dolor
me rompa,
el amor
que te di
es canto infinito,
una llama
en la oscuridad,

un latido
que arrastro
en la sombra
de tu ausencia
y en el murmullo
de esta distancia.

SOMBRAS Y RÍOS DE AUSENCIA

Anoche,
en la soledad del universo,
el viento trajo
el murmullo
de tus pasos olvidados.
Un perfume extraño
se deslizó en la oscuridad,
y lo acepté
como el desierto
acepta
su única lluvia.
Tus mentiras
tensaron hilos
en la trama del silencio.
Te dejé partir
aunque mis raíces
temblaron
como un órgano
expuesto sin protección.
Ahora que conoces
la soledad asfixiante,
dime:
¿cómo heriste
al sol
que pintaba
tus días?
Tus lágrimas
tallan mi sombra

en la roca,
pero no la quiebran.
Ya no aguardo
tu imagen
en la puerta
de mi futuro incierto.
Soy piedra
junto a la orilla
que el oleaje
no corroe,
y aunque llores,
no volveré
a esa ribera.
Las promesas
vagan en la niebla
de lo que fuimos.
El tiempo,
pájaro insomne,
se lleva
nuestra historia
en sus alas.
Te amé,
te lloré.
Hoy,
en este adiós,
sé que nada
será igual.
Pero el río
de la vida
desborda
hacia la inmensidad.

Como el otoño
que despoja
de oro
a los árboles,
dejé caer
cada sueño
en el viento.
Sin retorno,
en este sendero
de sombras,
el sol
ya no posa
su mirada.
Y aunque el viento
susurre tu nombre
entre hojas caídas,
mi alma
se desprende
y vuela
hacia horizontes anónimos,
donde las estrellas
no repiten
tu rostro,
y el olvido
es
refugio final
al filo
del mundo.

ÍNDICE